Escrito por María Isabel Sánchez Vegara

Gente pequena, **GRANDES SONHOS**™
NELSON MANDELA

Ilustrado por
Alison Hawkins

Era uma vez um menininho que vivia na África do Sul. Seu nome parecia uma canção: Rolihlahla. Significava "agitador" em sua língua, o xossa. Pertencia a um clã que naquela terra havia vivido muito antes de o país ser como era.

No clã, seu bisavô era o rei e o seu pai era o chefe. Em sua família, ninguém havia recebido uma educação formal. No primeiro dia de aula, a professora deu a cada aluno um nome inglês e, a partir de então, Rolihlahla passou a ser chamado de Nelson.

Nelson tinha doze anos quando seu pai morreu, e dele herdou o senso de justiça. Decidiram levá-lo ao palácio de Mghekezweni, onde a família real o recebeu como um filho e ele continuou estudando.

Ao ouvir as histórias contadas pelos anciãos que visitavam o palácio, Nelson descobriu seu amor pela história da África.

Também soube que, em seu país, os brancos haviam assumido o poder. Elaboraram leis e tomaram decisões por todos os habitantes.

Casas grandes, boas escolas, salários justos...
Enquanto os brancos tinham tudo o que desejavam,
os outros eram obrigados a abandonar seus sonhos!
Nelson sabia que isso não era justo, assim foi
à universidade com o desejo de fazer tudo o
que fosse possível para mudar as coisas.

Quando soube que sua família estava arranjando seu casamento, decidiu fugir para um bairro de Joanesburgo chamado Dark City.

A noite era tão escura que só com a luz da lua ele conseguia claridade para estudar.

Nelson participava de um grupo que lutava pela igualdade de direitos quando o governo instituiu um sistema ainda mais injusto chamado *apartheid*. Suas leis racistas separavam as pessoas de acordo com a cor da pele, sepultando as esperanças de um futuro melhor.

DERRUBEM O APARTHEID

EXIGIMOS LIBERDADE

HEGA!

Apesar de tudo, Nelson se recusava a se entregar! Depois de ser preso muitas vezes por organizar protestos contra as leis do *apartheid*, não teve outra alternativa senão se esconder. Durante muito tempo, só saía disfarçado.

Um dia, ele e sete amigos foram acusados de tentar derrubar o governo racista. Foi mandado para a prisão por 27 longos anos. No entanto, em sua cela, ele continuava sonhando com um país em que todas as pessoas fossem tratadas com igualdade.

Durante os anos que passou na cela, não só ganhou o respeito dos guardas, como também se tornou um símbolo da luta por justiça. O mundo inteiro exigia que Nelson fosse libertado e que o *apartheid* fosse derrubado.

Nelson tinha 72 anos e já era avô quando o presidente
da África do Sul o visitou e decidiu colocá-lo em liberdade.

Eles formaram uma equipe para mudar as leis e construir um país mais justo. E, por esse trabalho, receberam o Prêmio Nobel da Paz!

Milhões de pessoas que nunca haviam votado em um negro para presidente da África do Sul elegeram Nelson.

Foi um passo enorme em direção a um país onde todas as pessoas são importantes e todas as raças podem viver juntas e em paz.

Enfrentando com determinação e esperança as dificuldades em seu longo caminho até a liberdade, o pequeno Nelson descobriu que a maior virtude é conseguir levantar depois de cada tombo.

Porque quem vence nada mais é do que
um sonhador que não se rende jamais.

NELSON MANDELA

(Mvezo, 1918 – Joanesburgo, 2013)

1937   1950

Rolihlahla Mandela nasceu em 18 de julho de 1918 em Mvezo, um povoado da África do Sul. Quando era criança, recebeu o nome inglês de Nelson. Ele se inspirava com os relatos sobre a resistência de seus ancestrais contra a colonização da África do Sul. Depois de saber que a família estava planejando seu casamento, Nelson fugiu para Joanesburgo, onde começou a estudar Direito. Lá ele se uniu a um partido político, o Congresso Nacional Africano, que procurava acabar com o *apartheid*, um sistema de governo que separava as pessoas de acordo com a cor da pele e permitia que apenas brancos vivessem livremente. Nelson foi preso muitas vezes por protestar contra o *apartheid* e, algumas vezes, precisou se esconder. Em 1962, foi acusado de tentar derrubar o governo e, em 1964, foi condenado à prisão perpétua. Durante o tempo que passou na prisão, Nelson se

1987   1994

transformou em um símbolo do movimento *antiapartheid* e as pessoas de todo o mundo exigiram que ele fosse libertado. Depois de sua libertação, em 1990, trabalhou com o presidente F. W. De Klerk para construir um país mais justo. Juntos, ganharam o Prêmio Nobel da Paz em 1993, por acabar com o *apartheid* de modo pacífico e por assentar as bases da democracia. No ano seguinte, Nelson foi efeito o primeiro presidente negro da África do Sul e permaneceu nesse cargo até 1999. Depois de se aposentar da política, Nelson passou o resto da vida trabalhando para obras de caridade e na companhia de sua família. Na África do Sul, ele é considerado o Pai da Nação e é conhecido como Tata Madiba, seu nome do clã thembu. A devoção que Nelson sentia pela justiça nos faz lembrar que o caminho até a liberdade pode ser longo, mas é uma luta que jamais devemos abandonar.

Se você gostou da história de

Nelson Mandela

também venha conhecer…

Outros títulos desta coleção

ALBERT EINSTEIN
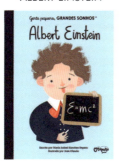

MARY SHELLEY
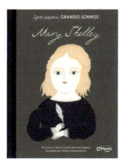

TERESA DE CALCUTÁ

MALALA YOUSAFZAI
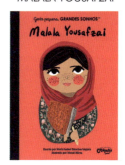

COCO CHANEL

STEPHEN HAWKING

FRIDA KAHLO

JOHN LENNON

ROSA PARKS

ANNE FRANK

CHARLES DARWIN
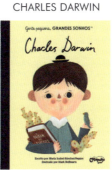

PELÉ
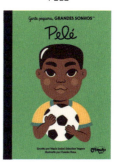

MARIE CURIE

MAHATMA GANDHI
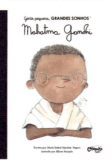

DAVID BOWIE
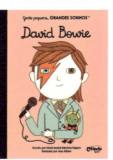

AYRTON SENNA
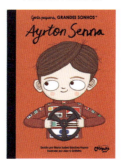

Gente pequena, **GRANDES SONHOS**™ *Nelson Mandela*
María Isabel Sánchez Vegara
Ilustrações: Alison Hawkins
Título original: *Pequeño* **&GRANDE**™ *Nelson Mandela*

Coordenação editorial: Florencia Errecarte
Tradução: Carolina Caires Coelho
Revisão: Laila Guilherme e Fabiana Teixeira Lima
Diagramação: Pablo Ayala

Primeira edição. Primeira reimpressão.

Catapulta

R. Passadena, 102
Parque Industrial San José
CEP: 06715-864
Cotia – São Paulo
infobr@catapulta.net
catapulta.net

ISBN 978-65-5551-059-1

Impresso na China em julho de 2024.

Sánchez Vegara, María Isabel
   Gente pequena, grandes sonhos : Nelson Mandela / escrito por María Isabel Sánchez Vegara ; ilustrado por Alison Hawkins ; [tradução Carolina Caires Coelho]. -- Cotia, SP : Catapulta, 2022. --
(Gente pequena : grandes sonhos)

   Título original: Pequeño y grande. Nelson Mandela
   ISBN 978-65-5551-059-1

   1. Ativistas pelos direitos humanos - África do Sul - Biografia - Literatura infantojuvenil
2. Mandela, Nelson, 1918-2013 - Literatura infantojuvenil I. Hawkins, Alison. II. Título. III. Série.

22-108654   CDD-028.5

Índices para catálogo sistemático:
1. Nelson Mandela : Biografia : Literatura infantil 028.5
2. Nelson Mandela : Biografia : Literatura infantojuvenil 028.5

Cibele Maria Dias - Bibliotecária - CRB-8/9427

© 2022, Catapulta Editores Ltda.
Copyright do texto ©2021 María Isabel Sánchez Vegara
Copyright das ilustrações ©2021 Alison Hawkins
Original idea of the series by María Isabel Sánchez Vegara, published by Alba Editorial, S.L.U.
"Little People, BIG DREAMS" and "Pequeña & Grande" are trademarks of Alba Editorial S.L.U. and/or Beautifool Couple S.L.

Fotografias (pág. 28-29, da esquerda para a direita) 1. Mandela, tirada em Umtata, em 1937; Nelson Rolihlahla Mandela (1918-2013), líder político e revolucionário sul-africano *antiapartheid*, presidente da África do Sul de 1994 até 1999, fotografia de © GL Archive por meio da Alamy Images 2. África do Sul, janeiro 2001: Mandela é eleito presidente da Liga Juvenil do Congresso Nacional Africano, África do Sul, fotografia de © API por meio da Getty Images 3. Marcha de milhares de manifestantes pela libertação do ativista *antiapartheid* Nelson Mandela, Joanesburgo, África do Sul, cerca de 1987, fotografia de © Gallo Images por meio da Getty Images 4. Nelson Mandela aparece em um ato eleitoral do Congresso Nacional Africano (CNA) um mês antes das primeiras eleições democráticas da África do Sul, fotografia de ©Brooks Kraft por meio da Getty Images.

Primeira edição no Reino Unido e nos Estados Unidos em 2021 pela Quarto Publishing plc'.

Livro de edição brasileira.
Nenhuma parte desta obra poderá ser reproduzida, copiada, transcrita ou mesmo transmitida por meios eletrônicos ou gravações sem a permissão, por escrito, do editor. Os infratores estarão sujeitos às penas previstas na Lei nº 9.610/98.